LA FRANCE

DRAMATIQUE

AU DIX-NEUVIÈME SIÈCLE,

Choix de Pièces Modernes.

Palais-Royal.

LA CONTREBASSE,

VAUDEVILLE EN UN ACTE.

C. T.

980—981.

PARIS.

C. TRESSE, ÉDITEUR,

ACQUÉREUR DES FONDS DE J.-N. BARBA ET V. BEZOU,

SEUL PROPRIÉTAIRE DE LA FRANCE DRAMATIQUE,

PALAIS-ROYAL, GALERIE DE CHARTRES, Nᵒˢ 2 ET 3,

Derrière le Théâtre-Français.

1845

LA CONTREBASSE

VAUDEVILLE EN UN ACTE,

PAR M. BIÉVILLE,

Représenté pour la première fois, à Paris, sur le théâtre du Palais-Royal,
le 1er juillet 1845.

Personnages.	Acteurs.
LOMBARD, capitaine au long cours......................	MM. LEMÉNIL.
LÉOPOLD, jeune violoncelle...........................	BERGER.
BELEUIL, fashionnable ridicule.......................	LUGUET.
FRANÇOIS, domestique de Mme Albert.............	DUBLÉIX.
DEUX COMMISSIONNAIRÉS................................	HÉNIK. ANDRIEUX.
Mme ALBERT, sœur de Lombard.......................	Mmes VALORY.
CÉCILE, nièce de Mme Albert......................	LAMBERT.

La scène est à Paris, chez Mme Albert.

Un salon élégant. — Porte au fond. — A droite, deuxième plan, une porte. — A gauche, premier plan,
une porte. — Une croisée au troisième plan, chaises, fauteuils, etc.

SCENE I.

FRANÇOIS, entrant par la gauche et portant un
violoncelle.

En voilà un violon! Je parie, moi, pas bête,
que M. Léopold, le maître d'accompagnement de
mamselle, l'avait laissé ici dans l'espérance de venir un jour le rejoindre; mais je t'en souhaite!
Hier, madame a aperçu l'instrument derrière le
piano de mamselle, et ce matin, la première chose
qu'elle m'a commandée, c'est d'aller le reporter
chez notre voisin! Pauvre jeune homme!... Je
ne gagnerai pas de pour-boire à cette commission-
là !... (Fausse sortie.) C'est tout de même drôle
que M. Léopold, qui venait tous les jours accompagner mamselle, ait tout d'un coup suspendu
ses visites.

AIR : De sommeiller encor, ma chère.

A lui qui montrait tant de zèle,
Voir ainsi fermer la maison,
Ça doit sembler drôle à mamselle,
Moi, j'en crois savoir la raison.

C'était un maître beaucoup trop tendre,
Et madame aura reconnu
Qu'à sa nièce il voulait apprendre
Quéqu' chos' qui n'était pas conv'nu.

(Fausse sortie.) Le fait est que, tout en épous-
setant, je les ai surpris bien des fois. Mamselle
tapait son piano : pan! pan! pan! tout doucette-
ment, comme pour lui dire : C'est mon cœur qui
fait pan! pan! pan!... et lui faisait aller sa basse:
zing! zing! zing! comme pour lui répondre: Ah !
que je voudrais donc vous accompagner toujours!... Et la conversation continuait : Pan!
pan!... zing! zing!

SCENE II.

FRANÇOIS, CÉCILE, qui est entrée sur la dernière phrase.

FRANÇOIS.

Oh! mamselle!

CÉCILE.

Eh bien ! François, comment vous permettez-vous de toucher à cet instrument ?

FRANÇOIS.

Je l'époussetais, mamselle, je l'époussetais... parce que madame m'a dit de le reporter chez M. Léopold.

CÉCILE.

Ah !.. (A François qui va sortir.) François !...

FRANÇOIS.

Mamselle...

CÉCILE.

Il est encore de bien bonne heure pour aller chez M. Léopold.

FRANÇOIS.

Oh ! mamselle, il se lève dès l'aurore.

CÉCILE.

C'est égal ! il sera plus honnête d'y aller dans la journée.

FRANÇOIS.

Mais madame m'a dit...

CÉCILE, impatientée.

C'est bon !

FRANÇOIS.

C'est bien, mamselle ! (A part.) Faut-il qu'elle tienne à ce gros violon !...

(Il reporte le violoncelle dans le cabinet.)

CÉCILE, à part.

Ce pauvre Léopold !

AIR :

> Lui fermer notre porte
> Si brusquement !
> L'exiler de la sorte !
> Pourquoi, vraiment ?
> Craint-on qu'il ne me taise
> Un doux secret ?
> Ou bien qo'il ne me plaise ?...
> C'est déjà fait !

(A François qui rentre.) François, il y a long-temps que je ne vous ai rien donné ?

FRANÇOIS.

Oh ! mam'selle...

CÉCILE.

Tenez.

FRANÇOIS.

Vous êtes trop bonne, mamselle... (A part.) Un napoléon ! Voilà bien ce qui prouve les sentimens !
(On entend sonner.)

CÉCILE.

On sonne ! si c'était mon oncle !...

FRANÇOIS.

Votre oncle, le marin... Je vas voir, mamselle.

CÉCILE.

Si c'est mon oncle, vous le ferez entrer tout de suite chez ma tante.

FRANÇOIS.

Oui, mamselle... (A part.) C'est fini ! je crois que madame a bien fait de renvoyer M. Léopold.

SCÈNE III.

FRANÇOIS, BELEUIL, mise du jour, mais outrée, le lorgnon-bésicle en sautoir et sur le nez.

FRANÇOIS.

Monsieur...

BELEUIL.

M. Anastase de Beleuil... J'ai déjà jeté ma carte à votre confrère qui a été m'annoncer.

FRANÇOIS.

Je crains que monsieur n'attende quelque temps, car il ne fait pas encore jour chez madame.

BELEUIL.

Que ces dames ne se gênent point pour moi, j'ai tout le loisir de les attendre.

(François sort à droite.)

SCÈNE IV.

BELEUIL, seul.

Par l'enfer !... la démarche que je vais tenter est diablement risquée ; mais ce qui est risqué me réussit toujours !... Il s'agit ici d'un établissement superlificoquentieux ! une héritière de 25,000 livres de rente !... J'avais besoin, pour me déclarer, d'un moyen d'introduction non suspect. Eh bien ! la Providence des jeunes gens à marier, et par conséquent endettés, m'a fourni ce moyen ! Un de mes amis, le célèbre Royaumont, Royaumont du Conservatoire, Royaumont dont la femme... enfin, Royaumont, a été chargé d'organiser chez la maîtresse de céans un festival pour le retour de je ne sais quel oncle provincial qui doit doter sa charmante nièce de la moitié d'un million, dit-on !... Qu'est-ce que je fais ? Je m'offre effrontément, moi et ma contrebasse, dont j'ai observé depuis long-temps toutes les prérogatives. Je n'en ai pas... de contrebasse ; mais ce naïf Léopold, mon infortuné rival, dans l'ignorance de mes projets de séduction, m'en a prêté une ! Je n'en ai jamais su jouer, jamais, au grand jamais ! et cependant c'est grâce à cet instrument, trop peu apprécié, que j'espère réussir...— Comment ! mon bon, me dirait un monsieur, vous comptez sur la contrebasse pour... — Oui, mon bon, oui, j'y compte !...Vous riez !... Eh bien ! supposons que l'objet de vos soupirs donne un concert : vous jouez du violon, de la flûte, de la clarinette ; vous arrivez naïvement, votre instrument sous le bras, juste au moment de la symphonie ; vous restez perdu au milieu des autres musiciens, avec lesquels vous recevez des remerciemens généraux, et tout est dit. Mais si vous vous offrez comme contrebasse! ah! que les choses ne se passent pas si simplement! Primo! en raison de l'énormité de votre instrument, vous êtes obligé de l'envoyer d'avance, et naturellement vous l'accompagnez pour vous excuser d'embarrasser ainsi la maîtresse de la maison. Première visite, dans laquelle il ne tient qu'à vous de causer une première impression... Bon !... Vient après cela le concert. Vos malheureux confrères, absorbés par leur musique, sont tous accroupis et contournés dans les postures les plus ridicules ! .. Vous, vous restez debout, vous n'avez à exécuter que des notes d'accompagnement, si vous savez jouer ; ou, si vous ne savez pas, comme moi, vous vous tirez d'affaire en faisant de temps en temps : Fron ! fron ! (Il imite le jeu de l'archet sur la contrebasse.) Ce n'est pas plus malin que ça ! Vous pouvez donc conserver toute votre liberté d'esprit, si vous en avez... et, dominant tout l'auditoire... (Il se pose.) vous déployez tous vos avantages extérieurs, toujours si vous en avez ! et vous lancez sur celle que vous voulez séduire des œillades d'autant plus diaboliques qu'elles tombent sur un cœur déjà attendri par les accords du concert : deuxième impression, plus significative encore que la précédente !... Enfin, pour couronner l'œuvre, vous vous présentez le lendemain pour reprendre votre contrebasse ; vous recevez seul les complimens mérités par tous, et vous êtes diablement primitif si vous n'achevez pas une séduction aussi bien entamée. Voilà, mon bon, voilà à quoi peut servir la contrebasse ; voilà comment, avec l'aide de mon esprit insinuant, de mon œil de basilic et de mon physique tant soit peu pharamineux, j'espère subjuguer la tante et la nièce. Mais on vient ! ce sont elles sans doute ; il s'agit de produire notre première impression.

°°°°°°°×°°×°°°

SCÈNE V.

BELEUIL, Mᵐᵉ ALBERT, CÉCILE.

Mᵐᵉ **ALBERT**, entrant par la droite.
Monsieur Anastase...

BELEUIL.
De Beleuil, pour vous servir !

Mᵐᵉ **ALBERT.**
Pardonnez-moi, monsieur, de vous avoir fait attendre.

BELEUIL.
Comment donc, mesdames, c'est moi qui dois me confondre en excuses de me présenter à une heure aussi diaboliquement matinale !

Mᵐᵉ **ALBERT.**
A qui ai-je l'honneur de parler, monsieur ?

BELEUIL.
Anastase de Beleuil, baron de Beauregard, propriétaire à Belle-Vue... qui a eu l'honneur de valser avec vous, madame, et de polker avec mademoiselle, chez M. Royaumont dont la femme... (Se reprenant vivement.) Royaumont du Conservatoire.

Mᵐᵉ **ALBERT.**
Ah! monsieur vient sans doute pour mon concert ?

BELEUIL.
Justement, madame! Ce cher Royaumont a trouvé presque tout ce qu'il lui fallait, au Conservatoire ; mais il lui manquait une contrebasse d'élite, et comme il sait que j'en joue... passablement...

Mᵐᵉ **ALBERT.**
Ah !... c'est un fort bel instrument.

CÉCILE.
C'est le plus grand !

BELEUIL.
Comme dit très élégamment, mademoiselle, c'est le plus grand... Aussi, ne pouvant pas l'apporter sous mon bras, je suis obligé, madame et mademoiselle, de vous demander la permission de vous en obstruer d'avance.

Mᵐᵉ **ALBERT.**
C'est trop juste!

CÉCILE.
Monsieur est artiste ?

BELEUIL.
Artiste amateur... Je vous prie de croire que je ne cours pas le cachet ! J'ai trop de naissance pour exercer une profession... mon existence est tout simplement celle d'un célibataire ami des arts.

Mᵐᵉ **ALBERT.**
Mais c'est un état très amusant!

BELEUIL.
Fort amusant! Il y a peu de temps encore, j'avais la fatuité de croire que c'était le plus amusant... et mon intention était d'exercer ce diable d'état de célibataire, jusqu'à mon dernier souffle !... Mais, aujourd'hui !... (Il regarde amoureusement Cécile.) je ne pense plus que cela me soit possible !

Mᵐᵉ **ALBERT.**
Pourquoi donc ?

BELEUIL.

AIR : Fleur de l'âme. (Vimeux.)

Ah ! c'est que pour se plaire en cet état, madame,
Il ne faut pas avoir, en dansant la polka,
Un moment respiré l'haleine d'une femme,
Doux parfum que jamais Geslin ne fabriqua !
Il ne faut pas se dire : — Ah ! sans elle, ma vie
S'en irait ! Je perdrais mon diable d'embonpoint !
Ah ! pardieu ! je la veux ! dussé-je, à la mairie,
Devenir son époux devant monsieur l'adjoint !

Mais, je me laisse aller à vous dévoiler des sentimens intimes qui vous intéressent fort peu assurément. Tout ce que je puis vous dire, mesdames, c'est que je me suis trouvé le plus heureux des célibataires, amis des arts, en apprenant par ce cher Royaumont dont la... (S'arrêtant.) que je pourrais vous être de quelque utilité.

Mᵐᵉ ALBERT.

Nous vous sommes obligées, monsieur.

BELEUIL.

On m'a dit que notre répétition aurait lieu à deux heures, c'est pourquoi j'ai fait apporter si tôt ma contrebasse.

CÉCILE.

Mais je ne la vois pas.

BELEUIL.

Oh, je l'ai laissée dans l'antichambre.

Mᵐᵉ ALBERT, à Cécile.

Mais il faut la faire entrer !

(Cécile remonte au fond et fait signe au dehors.)

BELEUIL.

Oh ! madame...

SCÈNE VI.

Les Mêmes, deux Commissionnaires, apportant un étui de contrebasse, disposé de façon à être le moins grand possible ; il a une ouverture derrière, masquée par une toile qui se baisse au fur et à mesure que les entrées ou sorties l'exigent. —Les commissionnaires déposent l'étui au fond, à droite, près d'une ouverture masquée, faite à la toile du fond et qui correspond à celle de l'étui, dont le couvercle s'ouvre en face du public.

BELEUIL.

Vous allez bien m'en vouloir, madame, d'encombrer ainsi ce ravissant salon ?

(Cécile revient en scène.)

Mᵐᵉ ALBERT.

Mais, au contraire, monsieur, nous devons vous savoir gré...

BELEUIL.

Ah ! madame, ceci vous plaît à dire ! (Remontant, aux commissionnaires.) Prenez garde, Auvergnats ! ne heurtez rien !

Mᵐᵉ ALBERT, bas, à Cécile.

Quel original !

CÉCILE, bas, à Mᵐᵉ Albert.

Original ! c'est bien peu dire !

BELEUIL, au fond et à part.

Je crois que la première impression est produite. (Aux commissionnaires. Tenez, Auvergnats !

UN COMMISSIONNAIRE, se récriant.

Un franc pour deux !...

Cécile, Beleuil, Mme Albert.

BELEUIL.

Oui ! oui! gardez tout ! ne me rendez rien !

L'AUTRE COMMISSIONNAIRE.

Il ne manquerait plus que ça !... En v'là une pratique !   (Ils sortent.)

BELEUIL, redescendant au milieu.

Je paie toujours bien ceux que j'emploie. Il faut ça ! et quand on a une fortune assez diabolique...

Mᵐᵉ ALBERT.

Ah ! monsieur a de la fortune !

BELEUIL.

Qu'est-ce qui n'en a pas aujourd'hui !

(Il remonte un peu.)

Mᵐᵉ ALBERT, bas, à Cécile.

Il est mieux que je ne croyais, ce jeune homme.

CÉCILE, hochant la tête.

Je ne trouve pas.

BELEUIL, revenant.

J'ai de la fortune, et quelquefois j'en suis fâché, parce que cela me rend, vous concevez, le point de mire de toutes les mamans.

Mᵐᵉ ALBERT.

Eh bien ! avec vos idées matrimoniales...

BELEUIL.

Ah! madame, on a beau en avoir, on ne peut pas épouser tout le monde ! eh ! eh ! eh ! (Il s'arrête court en regardant Cécile.) Surtout quand on a le cœur entamé ! (Il soupire.) Mais je craindrais de vous importuner en prolongeant davantage ma visite

Mᵐᵉ ALBERT.

Mais du tout, monsieur !

BELEUIL.

J'aurai, je l'espère, l'honneur de vous revoir à la répétition ?

Mᵐᵉ ALBERT.

Assurément !

ENSEMBLE.

AIR : l'assez jeunes galans. (Geneviève.)

BELEUIL, aux dames qui le reconduisent.

Mais il me faut partir,
Je vous quitte ;
Ma visite
Pourrait ne pas finir,
Si j'en croyais mon plaisir.

Mᵐᵉ ALBERT.

En vous voyant partir
Aussi vite,
On hésite
A vous plus retenir,
Mais vous devez revenir...

CÉCILE.

Il ne saurait partir
Assez vite !
Sa visite
M'inspirait le désir
De ne jamais le subir.

(Les dames sont redescendues.)

BELEUIL, revenant vivement.
Ou pourrait, sur l'honneur,
En voyant tant de grâce,
Avec sa contrebasse
Laisser ici son cœur.

ENSEMBLE.

Mais il me faut partir, etc.
Mᵐᵉ ALBERT.
En vous voyant partir, etc.
CÉCILE.
Il ne saurait partir, etc.

(Beleuil en sortant se cogne d'un côté de la porte, puis de l'autre. — Mᵐᵉ Albert entre à droite en riant.)

SCÈNE VII.

CÉCILE, puis, LÉOPOLD.

CÉCILE.

En vérité, je n'ai jamais vu de jeune homme plus ridicule! Quelle différence avec ce bon Léopold, si simple, si modeste!

LÉOPOLD, dans l'étui.

Cécile!

CÉCILE, effrayée.

Ah! mon Dieu!... on dirait qu'on a parlé!... J'ai même cru reconnaître sa voix!... Ah! c'est que j'y pense toujours!

LÉOPOLD, dans l'étui.

Cécile!

CÉCILE.

Ah! pour le coup, je ne me trompe pas! c'est lui!

LÉOPOLD, de même.

Vous êtes seule?

CÉCILE.

Oui. Mais où êtes-vous donc? Je commence à avoir peur!

LÉOPOLD, ouvrant l'étui.

Ne craignez rien.

CÉCILE, jetant un cri.

Ah!

LÉOPOLD.

Silence!... Ouf!... je respire!... Pardonnez-moi de me présenter devant vous d'une manière si étrange.

CÉCILE.

En effet, c'est la première fois que je vois arriver ainsi!

LÉOPOLD.

Ah! c'est que je n'avais pas le choix des moyens!

CÉCILE.

Comment?

LÉOPOLD.

Depuis huit jours, chaque fois que je me présente, on me dit que vous êtes sortie, vous et madame votre tante... J'ai compris que votre porte m'était défendue; impossible de forcer la consigne! Cependant un ancien camarade de collége, pauvre garçon, assez avantageux, est venu m'emprunter une contrebasse pour votre concert...

CÉCILE.

M. de Beleuil?

LÉOPOLD.

Lui-même. Aussitôt il m'a semblé que c'était une occasion, et, au lieu de faire apporter la contrebasse qu'il désirait, je me suis fait apporter moi-même.

CÉCILE.

Vous conviendrez que c'est un peu extraordinaire!

LÉOPOLD.

Ah! c'est que je voulais absolument vous parler... vous demander, vous supplier de m'apprendre pourquoi, tout à coup, on a suspendu nos leçons, pourquoi l'on m'a remercié si brusquement, pourquoi l'on m'interdit votre présence.

CÉCILE.

Hélas! je ne le sais pas plus que vous!

LÉOPOLD.

Ai-je trompé la confiance de votre tante?... Vous ai-je jamais dit que vos grâces, votre beauté, votre esprit, avaient enflammé mon cœur d'un amour...

CÉCILE, troublée.

Mais vous me le dites, monsieur!

LÉOPOLD.

AIR d'Yelva.

J'ignore encor comment j'ai pu déplaire.
Vous ai-je dit quel était le pouvoir
Que sur mon cœur avait mon écolière?
CÉCILE, à part.
Sans qu'il le dit, moi, j'ai bien su le voir!
LÉOPOLD.
J'ai renfermé dans mon âme ravie
Cet amour, que j'ai fait serment
De vous taire toute ma vie...
CÉCILE.
Mais croyez-vous le taire en ce moment?
LÉOPOLD.
Je le tairai toute ma vie!
CÉCILE.
Alors, pourquoi le dire en ce moment?

LÉOPOLD.

Ah! c'est que je n'ai plus de ménagemens à garder : je ne viens plus ici comme professeur, et s'il était possible que je ne vous eusse pas déplu, pourquoi votre tante me repousserait-elle? Je n'ai pas de fortune ; mais un artiste à qui l'on veut bien reconnaître du talent ; qui, jeune encore, a su se faire un nom, ne peut-il pas aspirer à une alliance honorable ?

CÉCILE.

Sans doute ! d'autant plus que mon père était artiste comme vous.

LÉOPOLD.

C'est ce que je me dis.

Mme ALBERT, dans la coulisse.

Cécile ! Cécile !

CÉCILE.

O mon Dieu ! ma tante ! que va-t-elle dire ?

LÉOPOLD, courant à l'étui.

Ne craignez rien.

CÉCILE.

Non, non ! on va répéter et on vous découvrirait !

LÉOPOLD.

Eh bien ! là, dans votre salon d'étude.

(Il entre à gauche.)

CÉCILE.

C'est cela ! Je vous ferai sortir dès que je le pourrai !

SCÈNE VIII.

CÉCILE, Mme ALBERT, puis LOMBARD, et FRANÇOIS, portant un sac de nuit et un étui de violoncelle.

Mme ALBERT, entrant par la droite.

Cécile ! Cécile ! mon frère ! ton oncle qui arrive ! je viens de l'apercevoir par la fenêtre de ma chambre ! il descend de voiture... Ah ! ça me fait un effet !... Il y a si long-temps que je ne l'ai vu !...

CÉCILE.

Eh bien ! ma tante, allons au devant de lui !

LOMBARD, accent provençal, à François qui le suit.

Allons donc ! maladroit ! *

Mme ALBERT, courant à lui.

Ah ! mon frère !

LOMBARD, d'un ton bourru.

Bonjour, ma sœur !

CÉCILE.

Mon oncle.

LOMBARD, de même.

Bonjour, ma nièce !

Mme ALBERT.

Qu'as-tu donc ?

LOMBARD.

Rien ! ça va se passer... troun de l'air !

*Cécile, Lombard, Mme Albert, François, deuxième plan à droite.

FRANÇOIS.

Monsieur, faut-il...

LOMBARD.

Silence ! rascasse !

Mme ALBERT.

Mais, mon frère...

LOMBARD.

Pardonne... je cherche à me contenir, car, si je me laissais aller... je tuerais ce garçon !

FRANÇOIS.

Moi ?

Mme ALBERT.

Lui ! comment ! t'aurait-il manqué de respect ?

LOMBARD.

Lui ! si c'était lui ! je lui aurais déjà tordu le cou !

FRANÇOIS.

Mais, monsieur...

LOMBARD.

Allons, porte mes effets dans l'appartement que ma sœur me destine, et ne heurte pas mon violoncelle, ou je te casse tous les vertèbres !

(François entre à droite.)

SCÈNE IX.

CÉCILE, LOMBARD, Mme ALBERT.

CÉCILE, à part,

Il est aimable, mon oncle !

Mme ALBERT, à Lombard.

Calme-toi !...

LOMBARD.

Ah ! c'est que je suis furieux contre un quidam !... (Cécile et Mme Albert s'approchent de lui et cherchent à le calmer.) Vous avez raison... laissons cela... et rassure-toi, ma petite nièce... Je suis un peu vif, mais je ne suis pas si méchant que j'en ai l'air ! Pas vrai, ma sœur ?... (A Cécile.) Allons, viens m'embrasser !

CÉCILE.

Volontiers, mon oncle.

LOMBARD.

Il y a dix ans que nous ne nous sommes vus ; tu ne dois pas me reconnaître ?

CÉCILE.

Oh ! si fait, mon oncle, vous n'êtes pas du tout changé !

LOMBARD.

Eh bien ! je ne t'en dirai pas autant. Peste ! comme tu t'es développée !... Te voilà bonne à marier ! Aussi, avec le consentement de la tante, je t'amène un prétendu.

CÉCILE.

Un prétendu !

LOMBARD.

Rien que ça !... un loup de mer, qui vient d'accomplir sa dernière course, et qui veut faire connaissance avec l'océan matrimonial. Mais je ne m'étendrai pas davantage sur ce chapitre, parce que je sais qu'il faut toujours des préparations, et je veux, avant tout, me faire aimer.

Mme ALBERT.

Et comment ne t'aimerait-on pas, toi, si bon, si aimable ?

LOMBARD.

Oh ! aimable ! pas dans ce moment ici... pas à Paris !

Mme ALBERT.

Comment ?

LOMBARD.

Sans l'impatience que j'avais de vous voir, je vous aurais écrit de venir me trouver à Carcassonne, et j'aurais aussi bien fait.

Mme ALBERT.

Pourquoi ?

LOMBARD.

Parce que je n'ai jamais pu venir à Paris sans y être mystifié, tantôt d'une façon, tantôt d'une autre !

Mme ALBERT.

C'est une idée !

LOMBARD.

J'y suis venu trois fois, sans compter celle-ci ; la première fois, on m'y a volé, bafoué, et donné un bon coup d'épée.

CÉCILE et Mme ALBERT.

Est-il possible !

LOMBARD.

La seconde fois, on m'y a marié...

Mme ALBERT.

A une femme charmante !

LOMBARD.

C'est possible... mais on s'est moqué de moi, et j'ai reçu un second coup d'épée.

CÉCILE.

Encore !

LOMBARD.

Toujours ! La troisième fois, je n'étais pas encore veuf, et on m'a...

Mme ALBERT, vivement.

Ah ! mon frère !...

LOMBARD.

Tu ne crois pas ? Eh bien ! soit ! je n'en ai jamais pu avoir la preuve ; mais, ce qui est trop certain, c'est mon troisième coup d'épée.

CÉCILE.

Mon pauvre oncle !

LOMBARD.

Enfin, aujourd'hui...

CÉCILE.

On vous en a donné un quatrième ?

LOMBARD.

Non, pas encore, Dieu merci ! mais ça ne tardera peut-être pas !

CÉCILE.

Par exemple !

LOMBARD.

Figurez-vous que, tout à l'heure, dans un café où je déjeûnais...

Mme ALBERT.

Comment ! tu as déjeûné ?

LOMBARD.

Oui, ma foi ! en descendant de diligence, j'avais un appétit d'enfer ! et, tandis qu'on débarquait mes malles, je suis entré dans un café, une buvette, près des messageries. La première personne que j'y rencontre, c'est un ancien camarade. Naturellement, je me mets à sa table ; nous causons de Paris. Je lui dis les raisons que j'ai de ne pas chérir ce séjour. Or, à chaque mystification que je racontais, un quidam, placé à la table voisine, partait d'un éclat de rire. Malheureusement, il avait les yeux fixés sur une gazette, et comme, à la rigueur, cela pouvait expliquer son hilarité, il n'y avait pas moyen de se fâcher. Cependant, je le guettais. Tout à coup il demande ce qu'il faut pour écrire, griffonne un billet et sort... Moi, j'achevais tranquillement mon beefsteack, et je ne pensais plus à lui, quand un garçon me demande si je ne suis pas le capitaine Lombard. — Oui. — Alors, voici une lettre pour vous.

Mme ALBERT.

Pour toi ?... Mais qui pouvait t'écrire dans ce café ?

LOMBARD.

Vous allez voir ! (Il lit.) « Ma vieille connais- » sance... » (S'arrêtant.) Hein !... (Lisant.) « J'ap- » prends avec une vive satisfaction ton retour dans » mes murs. Tu peux compter que, cette fois, » comme toujours, je te renverrai mystifié et » blessé... Ton affectionné, PARIS MYSTIFICA- » TEUR. »

Mme ALBERT.

C'est une plaisanterie !

LOMBARD.

Sans doute, c'est une plaisanterie, mais de qui, si ce n'est de mon quidam, sorti quelques instans auparavant.

Mme ALBERT.

Oh ! rien n'est moins sûr !

LOMBARD.

Possible ! Mais, troun de l'air ! j'ai ses traits gravés là ! Et si, comme il semble me l'annoncer, il revient à moi...

SCÈNE X.

CÉCILE, LOMBARD, FRANÇOIS, Mᵐᵉ ALBERT.

FRANÇOIS, entrant par le fond.

C'est une lettre très pressée qu'on apporte pour madame.

Mᵐᵉ ALBERT.

Tu permets, mon frère?

CÉCILE, à part.

Ce pauvre Léopold! impossible de le faire sortir!

LOMBARD, à Cécile.

Eh bien! pitchoune... la musique, le piano, sommes-nous forte?

CÉCILE.

Comme cela, mon oncle!

LOMBARD.

Il ne faut pas oublier que tu es la petite-fille du célèbre violoncelle Lombard... et que moi-même... Nous jouerons ensemble le duo de *Guillaume Tell...* Tu dois le savoir?

CÉCILE.

Oui, mon oncle.

LOMBARD.

Ah! c'est que, vois-tu, c'est mon morceau favori... Tous les soirs, à bord, je le jouais à mes matelots...

CÉCILE.

Tous les soirs!

LOMBARD.

Tous les soirs!... et j'avais un fier succès!... D'abord, celui qui n'aurait pas applaudi, aurait reçu cinquante coups de garcette!

Mᵐᵉ ALBERT, qui a achevé de lire sa lettre.

Ah! quel contre-temps!

LOMBARD.

Qu'est-ce que c'est donc?

Mᵐᵉ ALBERT.

Mon Dieu! je puis te le dire maintenant... une surprise, un concert que j'avais préparé pour ton retour.

LOMBARD, avec joie.

Un concert!

Mᵐᵉ ALBERT.

Ne te réjouis pas; il ne peut avoir lieu!

LOMBARD.

Et à cause?

Mᵐᵉ ALBERT.

On en donne un aux Tuileries, et tous nos musiciens y sont appelés.

LOMBARD.

Troun de l'air! Si ce n'était pas aux Tuileries, e croirais que c'est une mystification!

Mᵐᵉ ALBERT.

C'est M. Royaumont, un professeur du Conservatoire, qui me l'écrit. Du reste, ce n'est que partie remise.

LOMBARD.

C'est égal, ça me vexe! J'avoue qu'un concert, avec un petit solo de violoncelle, m'aurait bien délassé des fatigues de la route! Eh! je vois que tu avais déjà une contrebasse. (Il s'en approche.)

Mᵐᵉ ALBERT.

Oui, c'est un jeune homme qui l'a fait apporter ce matin.

CÉCILE, à part.

Ah! mon Dieu! il va l'ouvrir!

LOMBARD, ouvrant l'étui.

Eh! mais il n'y a rien dedans!

Mᵐᵉ ALBERT.

Est-il possible!... * Il faut donc qu'on l'ait apporté vide.

LOMBARD.

Vide!

CÉCILE.

Par distraction, peut-être.

LOMBARD.

Une distraction!

AIR Du verre.

S'il s'agissait d'un flageolet,
Je le concevrais encor; passe!
Mais je trouve un peu plus drôle
Qu'on oublie une contrebasse!

Mᵐᵉ ALBERT.

Mon Dieu! ne vas-tu pas déjà!...

LOMBARD.

Non pas! mon avis est le vôtre!...
Mais cette distraction-là
Pourrait bien m'en promettre une autre!

SCÈNE XI.

CÉCILE, Mᵐᵉ ALBERT, BELEUIL, LOMBARD, FRANÇOIS.

FRANÇOIS, au fond, annonçant.

M. de Beleuil!

Mᵐᵉ ALBERT.

M. de Beleuil, comment!...

BELEUIL, entrant, un bouquet à la main.

Madame, j'ai bien l'honneur...

LOMBARD, à part.

Mon quidam!

Mᵐᵉ ALBERT, à Beleuil.

Mon Dieu, monsieur, vous venez pour la répétition?

____

* Cécile, Mme Albert, Lombard.

BELEUIL.

Oui, madame, et je vois que j'arrive un des premiers... mais jamais trop tôt pour moi.

LOMBARD, remontant doucement, à part.

Ah! il vient ici!

Mme ALBERT, à Beleuil.

Je suis désolée qu'on ne vous ait pas averti. M. Royaumont m'écrit à l'instant qu'il est commandé, avec tous ces messieurs du Conservatoire, pour un concert aux Tuileries. *

(Lombard, qui a redescendu la scène, se place en face de Beleuil.)

BELEUIL, le reconnaissant, à part.

Oh!

Mme ALBERT, présentant Lombard.

Mon frère, monsieur, qui arrive à l'instant!

LOMBARD, saluant.

Monsieur est musicien?

BELEUIL.

Monsieur...

LOMBARD.

Il me semble que j'ai déjà eu l'avantage de vous voir ce matin?

BELEUIL.

C'est ce que je me disais. (A part.) C'est l'oncle! (Haut.) Pardon! voulez-vous me permettre d'offrir ces fleurs à mademoiselle?

(Il passe près de Cécile et lui offre le bouquet.) **

LOMBARD, bas, à sa sœur.

Tu connais ce jeune homme?

Mme ALBERT, de même.

Fort peu. Est-ce que ce serait?...

LOMBARD, de même.

Mon quidam! oui! Et s'il vient ici pour me mystifier...

Mme ALBERT, de même.

Du tout!

LOMBARD, de même.

Soit! (S'approchant de Beleuil, haut.) *** De quel instrument jouez-vous?

BELEUIL.

Je cultive la...

Mme ALBERT, l'interrompant.

Mais, peut-être, monsieur, vous êtes-vous privé de quelque partie de plaisir pour notre répétition?

BELEUIL.

Nullement, madame. (A part.) Il faut que je me raccommode avec l'oncle. (Haut.) Il ne peut y avoir de plus grand plaisir pour moi que de rester avec vous, mesdames, et de faire la connaissance du capitaine. (Il lui présente la main.)

LOMBARD, la serrant avec force.

Vous êtes bien honnête!... De mon côté, j'aime beaucoup les artistes... (Il lui secoue la main.)

BELEUIL, faisant une grimace de douleur.

Je sais... je sais... (Il se dégage.)

* Cécile, Mme Albert, Lombard, Beleuil.
** Cécile, Beleuil, Mme Albert, Lombard.
*** Cécile, Beleuil, Lombard, Mme Albert.

LOMBARD.

Vous disiez que vous cultiviez...

BELEUIL.

La contrebasse.

LOMBARD.

Bah!.. cette contrebasse...

BELEUIL.

C'est la mienne.

LOMBARD, allant près de l'étui.

Ah! c'est la vôtre?

Mme ALBERT.

Je tremble!

LOMBARD.

Parbleu! j'en suis bien aise!

BELEUIL.

Je l'ai fait apporter ce matin.

LOMBARD, ouvrant l'étui.

En ce cas, voulez-vous bien nous expliquer pourquoi cette boîte se trouve vide?

BELEUIL, remontant. *

Vide! (Après avoir regardé dans l'étui.) Ah! ah! ah!... parole d'honneur! c'est drôle!... Ah! ah! ah!... (A part.) Diable de Léopold!

LOMBARD.

C'est malheureux! Je vous aurais prié d'accompagner ma nièce.

CÉCILE, à part.

Bien obligée!

BELEUIL.

Comment donc! j'aurais été ravi! Quoique amateur, je suis d'une assez jolie force! Je pourrais même dire d'une très jolie force! (A part.) Je ne risque rien!

Mme ALBERT.

Ah! monsieur est fort?

BELEUIL.

Je joue à première vue tout ce qu'on veut, des duos, des solos, des ouvertures...

LOMBARD.

Oh! des solos de contrebasse!

BELEUIL.

Oui, capitaine; c'est la fureur... Dernièrement, j'en ai joué un chez une marquise espagnole... la marquise de Mabulo.

CÉCILE.

Monsieur veut peut-être parler d'un solo de violoncelle?

Mme ALBERT.

Oh! oui.

BELEUIL.

Précisément! c'est un solo de violoncelle que je voulais dire.

LOMBARD, avec joie.

AIR Du charlatanisme.

De violoncelle! ô bonheur!
C'est l'instrument par excellence!

BELEUIL, à part.

Bon! je vais lui gagner le cœur!

* Cécile, Lombard, Beleuil, Mme Albert.

2

LOMBARD.

Et votre talent, je le pense,
Est fort grand sur cet instrument ?

BELEUIL.

De le classer faites-moi grâce.
Je dois convenir seulement
Qu'il égale complétement
Mon talent sur la contrebasse.

CÉCILE.

Oh ! mais j'aime bien mieux le violoncelle.

Mme ALBERT.

Et moi aussi.

BELEUIL.

Et moi aussi ! Il n'y a pas de comparaison !

LOMBARD.

Vous devez savoir le duo de *Guillaume Tell* ?

BELEUIL.

Le duo de *Guillaume Tell*, je ne sais que ça !

(Chantant.)

O ma patrie !
Verte et fleurie...
Viendra, le soir,
T'asseoir.
Bonsoir,
Au revoir...

Je le sais par cœur.

LOMBARD.

Par cœur !... Vous nous le jouerez !

(Il parle bas à Cécile, qui passe à l'extrême droite et
prend une sonnette qu'elle trouve sur un petit gué-
ridon. — Elle sonne.) *

Mme ALBERT.

Je l'espère bien !

BELEUIL.

Quand vous voudrez. madame... Je l'ai encore
joué la semaine dernière chez une comtesse ita-
lienne, la comtesse Petronini... Malheureusement,
nous n'avons pas de violoncelle... (A part.) Heu-
reusement, nous n'avons pas...

LOMBARD, à François qui paraît.

Allez chercher, dans ma chambre, le violoncelle
que vous venez d'y porter.

BELEUIL, stupéfait.

Plaît-il ?...

LOMBARD.

Vous allez avoir la complaisance de nous jouer
le duo de *Guillaume Tell*.

BELEUIL.

Permettez !... C'est que...

LOMBARD.

Ah ! vous avez dit que vous le saviez par cœur.

Mme ALBERT.

C'est vrai !

BELEUIL.

C'est vrai ! mais, je ne me doutais pas... je ne me
doutais pas que vous auriez... là... tout de suite...

* Lombard, Beleuil, Mme Albert, Cécile.

LOMBARD.

Un violoncelle ?

BELEUIL.

Oui ! oui !... C'est-à-dire, non !... Je veux dire
que vous auriez envie de l'entendre tout de suite.

LOMBARD.

Puisque vous avez le temps.

BELEUIL.

Eh bien ! non, justement ! Parbleu !... si j'avais
le temps !

Mme ALBERT.

Mais, en effet ! si monsieur a à faire.

BELEUIL.

Oui ! j'ai à faire... Une affaire pressée... Je ne
comprends même pas que j'aie pu l'oublier !...
C'est encore une distraction... Après celle de la
contrebasse, celle-ci ne doit pas vous étonner.
C'est dans mon caractère ; et une fois que les
choses sont dans votre caractère, elle sont tout
excusées.

LOMBARD.

Oui !

BELEUIL.

Vous me pardonnerez donc, capitaine, ainsi
que ces dames, si je suis forcé de me retirer.

Mme ALBERT et CÉCILE.

Certainement !

LOMBARD.

Non pas !

BELEUIL.

Comment !

Mme ALBERT.

Mon frère !

LOMBARD, le tirant à part.

Monsieur, voici une lettre que j'ai reçue ce
matin...

BELEUIL, à part.

Ma lettre !... (Haut.) Capitaine, je ne connais
pas !...

LOMBARD.

J'aime à le croire !... Mais, d'après cette lettre,
que vous ne connaissez pas, je dois me regarder
comme exposé à toutes sortes de mystifications.

BELEUIL.

Je vous jure, capitaine...

LOMBARD.

J'aime encore à vous croire !... Cependant, je
dois vous le dire ; si un quidam, qui se serait
donné comme musicien, me laissait supposer, en
refusant de prouver son talent, qu'il ne s'est in-
troduit ici que pour s'amuser à mes dépens, je
vous déclare qu'il ne sortirait pas sans recevoir
cinquante coups de ce rotin que vous voyez !

Mme ALBERT et CÉCILE.

O ciel !...

BELEUIL.

Capitaine, je ne pense pas que ce soit pour moi
que vous disiez cela. (Aux dames.) Je ne pense
pas...

(François a apporté le violoncelle et l'a remis à Lombard, sans être aperçu de Beleuil, qui leur tournait
le dos. — Lombard tient le violoncelle caché derrière son dos.)

LOMBARD.

Non, certes ! car vous, vous êtes à même de me prouver que vous n'avez pas voulu me mystifier. (Beleuil se retourne vers lui comme pour s'excuser, en étendant les bras. — Lombard lui pose le violoncelle à portée.) Voici un violoncelle.

BELEUIL, serrant le violoncelle entre ses bras.

Mais, capitaine !...

LOMBARD, prenant une chaise qu'il place près de la porte de gauche.

Voici une chaise.

BELEUIL, passant à gauche.

Si on ne m'attendait pas... *

LOMBARD.

Voici le rotin dont nous parlions... Nous vous écoutons.

BELEUIL.

Certainement, si j'avais....

LOMBARD, impatienté.

Troun de l'air !   (Mme Albert le retient.)

BELEUIL, effrayé.

De l'air ! de l'air !... (A part.) Je voudrais bien en prendre... (Il va pour s'esquiver par le cabinet et aperçoit Léopold.) Ah !

CÉCILE, à part.

Ah !

BELEUIL, à part.

Léopold ici !

LOMBARD.

Où allez-vous donc ?

BELEUIL.

Nulle part, capitaine !

LOMBARD.

Alors, vous consentez ?...

BELEUIL.

Impossible de vous rien refuser. (Passant près des dames.)** Je n'irai peut-être pas très bien... L'émotion inséparable d'un...

LOMBARD.

C'est égal ! Jouez tant bien que mal !

BELEUIL.

C'est ça ! tant bien que mal ! Il ne s'agit que de montrer de la bonne volonté. (A part.) S'il ne lui faut que ça !

(Lombard et Mme Albert prennent chacun une chaise qu'ils posent tout près de celle destinée à Beleuil, et s'assoient vivement, pendant que celui-ci a les yeux fixés vers le cabinet, dont la porte qui s'ouvre sur la scène est restée entr'ouverte. — Cécile est près de sa tante.)***

BELEUIL, s'asseyant, se trouve face à face avec Lombard.

Mais, pardon ! est-ce que vous comptez rester là, tout près de moi ?

LOMBARD.

Ça vous gêne ?

BELEUIL.

Diablement ! Je suis enfant ! tous les artistes le

* Beleuil, Lombard, Mme Albert, Cécile.

** Lombard, Beleuil, Mme Albert, Cécile.

*** Beleuil, Lombard, Mme Albert, Cécile.

sont ! Je ne peux pas jouer quand on est près de moi.

LOMBARD.

Qu'à cela ne tienne !

(Il s'éloigne avec sa chaise, Mme Albert rapproche sa chaise de celle de Beleuil. — Cécile suit le mouvement.)

BELEUIL.

Et vous aussi, mesdames... je vous demande pardon... (Mme Albert s'éloigne et s'assied à côté de Lombard, et Cécile près d'elle. — A part.) Si je pouvais filer !

(Il va du côté de la porte du fond, ayant toujours le violoncelle sous le bras.)

LOMBARD, qui parlait à sa sœur, se retournant.

Ah ça ! en finirez-vous ?

BELEUIL.

Voilà, capitaine ! Je cherche ma colophane... (Il la prend sur un meuble, et revient. — A part.) O Batta !... inspire-moi !

(Il s'assied et fait résonner les cordes du violoncelle sous ses doigts.)

LOMBARD, se bouchant les oreilles.

Qu'est-ce que c'est que ça ?...

(Il se retourne et cause avec sa sœur.)

BELEUIL.

Ce n'est rien, capitaine... j'accorde. (A part et soulevant son violoncelle par le manche.) Peut-être qu'en lui donnant un grand coup de cet instrument sur la tête, je l'étourdirais, et je pourrais... (Léopold joue dans le cabinet le duo de *Guillaume Tell*.) Hein ! oh !...

(Il place vivement le violoncelle entre ses jambes, et imite le jeu de Léopold.)

LOMBARD, sans regarder, pendant qu'il joue.

Ah !...

BELEUIL, à part, se tournant vers le cabinet.

Léopold ! ô généreux ami !

LOMBARD.

Pas mal !

Mme ALBERT.

Mais oui !

BELEUIL, à part.

Ils sont dedans !... (Bas au cabinet.) Merci ! oh ! merci !

Mme ALBERT.

Bravo ! bravo !

LOMBARD.

Chut !...

CÉCILE, à part.

Mais ce n'est pas lui...

Mme ALBERT.

Très bien !

LOMBARD, en extase.

Chut donc !... Oh ! ah !... oh !... ah !...

CÉCILE, à part.

C'est Léopold !   (Léopold a fini.)

LOMBARD, ravi, se levant.

Oh ! jeune homme !   (Il s'approche de Beleuil.)

BELEUIL, soulevant son violoncelle de façon à masquer la porte du cabinet à Lombard.

N'approchez pas, capitaine ! vous allez me troubler !

LOMBARD.

Moi! grand Dieu! non! non! ne craignez rien!... c'est divin! c'est admirable! (Il se rassied.)

Mᵐᵉ ALBERT et CÉCILE.

C'est charmant!

LOMBARD.

Ah! jeune homme, de grâce! jouez long-temps! jouez toujours!

BELEUIL.

Tant que vous vous voudrez... (A part.) C'est-à-dire tant que Léopold... (Léopold joue une variation vive.— Beleuil imite le jeu. — Léopold reprend le premier motif et s'arrête au milieu de la phrase musicale. — A part.) Eh bien! il ne va plus!... il me laisse en.plan!... Léopold! infâme Léopold! (Bas.) Je t'en prie! je t'en supplie!

LOMBARD.

Eb bien?

BELEUIL.

Pardon!... (Prenant sa colophane.) Je mets de la colophane!... et je cherche mon mouchoir... j'ai le front tout mouillé!

LOMBARD.

Ah! vous jouez avec tant d'âme!

BELEUIL, à part.

Pourvu qu'il ne recommence pas avant que je n'y sois!   (Il s'essuie et se mouche.)

LOMBARD, se levant.

Tenez! ce serait vous qui m'auriez écrit cette impertinente lettre dont je vous parlais, je crois que maintenant je vous la pardonnerais!

BELEUIL, qui s'est levé, son violoncelle toujours en main.

Ab! capitaine!

LOMBARD.

Oh! c'est que, voyez-vous, ma sœur et moi, nous sommes les enfans du célébre violoncelle Lombard!

BELEUIL.

En vérité!

LOMBARD.

Mon père ne me permit pas de suivre sa carrière, prétendant que je n'avais pas le feu sacré!.. pour exécuter, c'est possible; mais pour sentir les charmes du violoncelle!... ah!...

(L'orchestre donne l'accord du couplet suivant. Beleuil, croyant que c'est Léopold qui joue, se met vivement en position d'exécuter; mais, après réflexion, et regardant le chef d'orchestre, il reconnaît son erreur, et sourit à part, tandis que Lombard adresse les premiers vers à sa sœur.)

AIR de Téniers.

Pour qu'un talent de son espèce,
Sur cet instrument, mes amours!
Me fit entendre, quelle ivresse!
Un ou deux morceaux tous les jours...
Je ne sais pour le reconnaître
Ce que je pourrais accorder!

BELEUIL, regardant Cécile.

Ah! prenez garde! car, peut-être,
Moi, je saurais quoi demander!

LOMBARD.

Eh bien! ne vous gênez pas! demandez tout ce que vous voudrez!

BELEUIL.

Tout?

LOMBARD.

Tout!

BELEUIL.

Tout?

LOMBARD.

Oui! tout!

LÉOPOLD, à la porte du cabinet.

Tout!...

LOMBARD.

Mais, avant, achevez!

BELEUIL.

Oui, cher capitaine!

LÉOPOLD, à la porte du cabinet.

Nous allons voir! (Il disparaît, on se rassied.)

BELEUIL.

Je vais commencer! (Toussant.) Hum! hum! (A part.) Est-ce que Léopold n'entend pas?

CÉCILE, à part.

Il avertit Léopold.

BELEUIL, toussant, et frappant contre la porte avec son archet.

Hum! hum!

LOMBARD.

Vous toussez?

BELEUIL.

Ce n'est rien!

Mᵐᵉ ALBERT, montrant la porte du cabinet.

C'est peut-être cette porte qui est restée ouverte...

BELEUIL, à part.

Ciel!

LOMBARD.

C'est vrai! il vient un air!...
     (Il va pour la fermer.)

BELEUIL, l'arrêtant.

Non! non! capitaine; je vous en prie! ça ne me gêne pas... au contraire! J'ai besoin d'air!

LOMBARD.

C'est différent! allons!
     (Ils se rassoient tous deux.)

BELEUIL, très haut.

Je vais commencer! (Toussant.) Hum! hum!

LOMBARD.

Continuez...

BELEUIL.

Toujours du Guillaume-Tell?...

LOMBARD.

Oui... oui! (Léopold joue l'air: *J'ai du bon tabac.* — Riant.) Ah! ah! ah!... ce n'est pas dans la partition!...   (Tous rient.)

BELEUIL.

Léopold! Léopold! je t'en supplie! (Léopold ferme la porte du cabinet. — Désespéré.) Tout est perdu! (Laissant glisser son violoncelle à terre, il s'affaisse.) Ah!...

LOMBARD, se levant.

Eh bien! qu'est-ce qui vous prend donc?... (S'approchant.) Une faiblesse!

(Les deux dames se lèvent et se rapprochent de lui.)

Mme ALBERT.

Une faiblesse !

CÉCILE.

Ah ! mon Dieu !

BELEUIL.

Non ! un engourdissement ! Je vous dirai que depuis un jour où je me suis démis le poignet en accompagnant Litz...

LOMBARD.

Vous avez accompagné Litz !

BELEUIL.

Oui... à cheval... à une grande revue... nous sommes tombés tous les deux... Et depuis cet accident, je suis sujet à des engourdissemens qui durent des heures !

LOMBARD et Mme ALBERT.

Des heures !

BELEUIL.

Quelquefois des semaines ; j'en ai eu un qui m'a duré deux mois !

LOMBARD.

Ah ! mon Dieu !

BELEUIL.

Et à la manière dont celui-ci me prend... il sera de deux mois !

Mme ALBERT.

Ah ! il faut espérer que non !

LOMBARD.

En tout cas, vous viendrez nous voir.

BELEUIL.

Comment donc !... tout à l'heure même, j'aurai cet avantage... Si ces dames veulent bien m'autoriser à revenir prendre ici ma contrebasse... ou plutôt, l'étui...

Mme ALBERT.

Certainement, monsieur.

BELEUIL, à part.

Troisième impression ! (Haut, à Lombard.) Et alors j'oserai peut-être vous dire ce que je voudrais obtenir !

LOMBARD.

Bien ! bien !

CÉCILE, à part.

Comme il me regarde !

BELEUIL, saluant.

Mesdames...

ENSEMBLE.

AIR du pas de quatre de la Péri.

CÉCILE et BELEUIL.

Me voilà, grâce aux cieux,

De ce pas périlleux,

Sauvé, sans accident fâcheux !

LOMBARD et Mme ALBERT.

Quel talent merveilleux !

Quels sons mélodieux !

Je n'ai rien entendu de mieux !

---

* Lombard, Beleuil, Mme Albert, Cécile.

SCÈNE XII.

Mme ALBERT, LOMBARD, CÉCILE.

LOMBARD.

Quel talent ! quel talent !

Mme ALBERT.

Le fait est que c'est extraordinaire, surtout dans un amateur !

LOMBARD.

Un amateur ! ah ! c'est un artiste ! Je n'ai jamais rien entendu de pareil ! Je ne sais si Batta lui-même !... (Allant vivement prendre le violoncelle qui est à gauche.) Ah !... une idée !... je cours m'enfermer dans ma chambre !

Mme ALBERT.

T'enfermer ?

LOMBARD.

Oui ! Je veux voir si je ne pourrai pas retrouver du vaporeux, du velouté de sa manière !... Viens ! conduis-moi ! (Ils sortent par la droite.)

SCÈNE XIII.

LÉOPOLD, CÉCILE.

CÉCILE, s'approchant de la porte à gauche.

Eh ! vite, maintenant ! délivrons ce pauvre Léopold !

LÉOPOLD, entrant.

Ah ! Cécile !

CÉCILE.

Ah ! Léopold ! comme vous avez joué !

LÉOPOLD.

Trop bien ! car j'ai vu le moment où, dans ses transports, votre oncle allait vous donner à cet imbécile !

CÉCILE.

Aussi, vous vous êtes arrêté.

LÉOPOLD.

Je crois bien !

CÉCILE.

Mais je redoutais un scandale ! Si mon oncle s'était aperçu de votre ruse, lui qui croit toujours qu'on veut le mystifier et qui est si violent ! Ah ! tenez ! je vous en prie, partez vite !

LÉOPOLD.

Partir ! mais c'est impossible ! c'est laisser à ce Beleuil tout l'avantage de la position.

CÉCILE.

Que craignez-vous, puisque je vous aime ?

LÉOPOLD.

Ah ! Cécile ! (Il se jette à ses pieds.)

SCÈNE XIV.

LÉOPOLD, LOMBARD, CÉCILE.

LOMBARD, rentrant vivement.

Troun de l'air ! j'ai oublié mon archet... Que vois-je ? un homme aux genoux de ma nièce !

LÉOPOLD.

Pardonnez, monsieur...

CÉCILE.

Mon oncle !

LOMBARD.

Mille tonnerres !

LÉOPOLD.

Je demandais à mademoiselle... je demandais...

LOMBARD.

Parbleu ! je m'en doute bien ! vous demandiez...

LÉOPOLD.

La permission de vous parler.

A moi ?

CÉCILE.

Oui, mon oncle... Monsieur est mon maître d'accompagnement.

LÉOPOLD.

Léopold Didier...

CÉCILE.

Le grand prix de cette année.

LOMBARD.

Le grand prix ! Quoi ! jeune homme, vous seriez... (Lui donnant une poignée de main.) Je suis enchanté !... (Vivement.) Mais, avec tout ça, vous étiez aux genoux de ma nièce !

LÉOPOLD.

C'est que je l'aime, monsieur...

LOMBARD.

Vous l'aimez !... et ma sœur ?...

LÉOPOLD.

Nous comptions sur vous pour la déterminer.

LOMBARD, riant, à part.

Sur moi !... qui devais...

CÉCILE, câlinant.

Monsieur est très fort violoncelle...

LOMBARD, enchanté.

Violoncelle !... Ah ! monsieur... Oh ! mais, après celui que je viens d'entendre...

CÉCILE, timidement, montrant Léopold.

Mais, c'était lui !

LOMBARD.

Lui ?

CÉCILE.

Oui, mon oncle.

LÉOPOLD.

Beleuil faisait les gestes.

LOMBARD.

Les gestes !

CÉCILE.

Et c'était monsieur...

LÉOPOLD.

Qui, du salon d'étude de mademoiselle... (Ouvrant la porte du cabinet.) Vous pouvez voir... mon violoncelle y est encore.

LOMBARD, après s'être approché du cabinet et reprenant sa place.

Comment ! c'était ?... Ah ! monsieur, ce jeu sublime !... ces accords ravissans !... c'était vous, qui de là... Mais alors, ce grand cachalot m'a donc mystifié, comme il me l'avait écrit !... Et vous l'avez aidé !...

LÉOPOLD.

Pour le sauver !

LOMBARD.

Pour le sauver !... un rival !.. ah ! c'est artiste ! (Lui donnant la main.) C'est violoncelle !... c'est bien !... c'est-à-dire, c'est bien de votre part : mais de la sienne !... Ah ! troun de l'air ! s'il revient, comme il me l'a promis !...

LÉOPOLD.

Oh ! il ne reviendra pas !

BELEUIL, en dehors.

C'est bon ! restez ici, Auvergnats.

LÉOPOLD et CÉCILE, à part.

Ciel !

LOMBARD, à Léopold.

Je vais chercher ma canne... je recevrai après mon quatrième coup d'épée, s'il le faut... Mais avant je veux le caramboler !

CÉCILE.

Mon oncle, je vous en prie !...

LOMBARD.

Viens, ma nièce !   (Ils sortent à droite.)

LÉOPOLD.

Ah ! mon Dieu ! est-ce qu'il va lui donner...

SCÈNE XV.

LÉOPOLD, BELEUIL.

BELEUIL.

Annoncez-moi... le célèbre Beleuil, l'illustre rival de Bat...

LÉOPOLD.

Malheureux ! sauve-toi !

BELEUIL.

Hein ?

LÉOPOLD.

On sait tout !

BELEUIL.

Qui ?

LÉOPOLD.

Le capitaine !

BELEUIL.

Quoi ?

LÉOPOLD.

Que j'ai joué pour toi !

BELEUIL.

Bah !

LÉOPOLD.

Il t'a entendu ! il a emmené sa nièce, et il va revenir !...

BELEUIL.

Il va revenir !... et il est diablement en colère ?

LÉOPOLD.

Il a été chercher son rotin !

BELEUIL, effrayé.

Son.. Par l'enfer !... (Il va vers la porte de droite.) Dieu ! j'entends sa voix !

(Il se sauve dans le cabinet de gauche.)

LÉOPOLD.

Mais non !...

∞∞∞∞∞∞∞∞∞∞∞∞∞∞∞∞∞∞∞∞∞∞∞∞∞∞∞∞∞∞∞∞∞

SCÈNE XVI.

LÉOPOLD, LOMBARD.

LOMBARD, entrant brusquement et regardant de tous côtés.

Eh bien ! vous êtes seul ?

LÉOPOLD.

Oui, capitaine. En m'apercevant ici, Beleuil a deviné que tout était découvert, et il s'est enfui !

LOMBARD.

Enfui !... C'est impossible !... (Regardant au fond.) Ses commissionnaires sont encore là. (Montrant le cabinet, puis la porte de droite.) Il ne peut être qu'ici... ou chez ma sœur, et je vais... (Il se dirige vers le cabinet.) Ou plutôt... je vais d'abord fermer la porte d'entrée, ce sera plus sûr !

(Il sort par le fond.)

LÉOPOLD.

Ah ! j'ai eu une peur !...

∞∞∞∞∞∞∞∞∞∞∞∞∞∞∞∞∞∞∞∞∞∞∞∞∞∞∞∞∞∞∞∞∞∞∞

SCÈNE XVII.

BELEUIL, LÉOPOLD.

BELEUIL, sort du cabinet, il est atterré.

Le corsaire ! la porte d'entrée !

LÉOPOLD.

Écoute ! il n'y a plus qu'un moyen de te sauver !

BELEUIL.

Je n'en vois pas !

LÉOPOLD, ouvrant l'étui.

Fourre-toi là-dedans !

BELEUIL.

Là-dedans !

LÉOPOLD.

Tes commissionnaires l'emporteront !

BELEUIL.

C'est vrai ! mes Auvergnats !... Ah ! mon sauveur !

LÉOPOLD.

Dépêche-toi !

BELEUIL, entrant dans l'étui.

Mais, je vais étouffer !

LÉOPOLD.

Je te réponds que non !

BELEUIL.

Dieu ! si mes polkeuses me voyaient !

LÉOPOLD.

Je vais appeler tes porteurs.   (Il ferme l'étui.)

BELEUIL, reparaissant.

Ah !

LÉOPOLD, qui a déjà fait quelque pas, revenant.

Quoi ?

BELEUIL.

Recommande-leur de ne pas me porter les pieds en l'air !

LÉOPOLD, fermant l'étui.

Prends garde !

∞∞∞∞∞∞∞∞∞∞∞∞∞∞∞∞∞∞∞∞∞∞∞∞∞∞∞∞∞∞∞∞∞∞∞

SCÈNE XVIII.

LOMBARD, LÉOPOLD, BELEUIL, dans l'étui, puis Mme ALBERT, CÉCILE, DEUX COMMISSIONNAIRES.

LOMBARD, rentrant.

Là ! j'ai pris mes mesures ! maintenant voyons un peu !... ce cabinet d'abord...

(Il entre à droite, son rotin levé.)

LÉOPOLD.

Bon ! (Appelant au fond.) Hé !... hé !... (Les commissionnaires entrent.) Emportez !

LOMBARD, revenant.

Hein ! qu'est-ce que c'est que ça ?

LÉOPOLD.

Ce sont ces braves gens qui demandent que vous vouliez bien leur faire ouvrir la porte.

LOMBARD.

Pour emporter la boîte de cet intrigant !... Ah ! troun de l'air ! la fenêtre à la bonne heure !

LÉOPOLD.

O ciel !

LOMBARD, à la croisée.

Y a-t-il dé qu'un ! Passarès !... Allons, mes braves, vingt francs pour vous !

BELEUIL, criant et frappant dans l'étui.

Ah !... ah !...

(Mme Albert et Cécile entrent au bruit.)

LES COMMISSIONNAIRES.

Mais il y a quelqu'un là-dedans !

(Ils ouvrent l'étui.)

LOMBARD, Mme ALBERT, CÉCILE.

Quelqu'un !

BELEUIL, se montrant.

Eh bien ! oui !

LOMBARD.

Ah ! le voilà donc !*

Mme ALBERT et CÉCILE.

Monsieur de Beleuil !

____

* Lombard, Léopold, Beleuil, Cécile, Mme Albert.

LÉOPOLD, retenant Lombard, qui veut frapper Beleuil.

Capitaine!

BELEUIL, se faisant un rempart des commissionnaires.

Ne me quittez pas, vous autres!... Vous êtes mes Auvergnats! C'est moi qui vous ai amenés! Ne me quittez pas!

LOMBARD, allant pour le frapper.

Vous croyez donc...

BELEUIL, même jeu, et passant sa tête entre les deux commissionnaires.

N'approchez pas, capitaine!... (Déclamant.) Ils me défendent, ces honnêtes Auvergnats!... ils s'opposeront à des actes indignes d'un homme civilisé!... Si vous voulez une affaire... eh bien! soit!... j'y consens! quoique ça n'ait pas le sens commun! car enfin, pourquoi m'en voulez-vous?

LOMBARD.

Vous m'avez mystifié! *

BELEUIL.

Ah! c'est vous qui vous trouvez mystifié?

LOMBARD.

Vous vous êtes donné comme contrebasse!

BELEUIL, passant un de ses bras entre les commissionnaires et indiquant Cécile.

Mais c'était pour plaire à votre charmante nièce!

LOMBARE.

Ah! c'était pour ça!... Eh bien! pour première vengeance, vous saurez qu'avec le consentement de ma sœur je donne ma nièce à M. Léopold Didier. (Il fait passer Cécile près de Léopold.)*

BELEUIL.

Ah! capitaine!

LÉOPOLD.

Ah! monsieur!

CÉCILE.

Ah! mon oncle!

LOMBARD.

A condition que nous habiterons tous ensemble à Carcassonne, et que vous me jouerez tous les jours un morceau de violoncelle.

BELEUIL, qui s'est doucement rapproché de Lombard, d'un air aimable.

Le duo de *Guillaume Tell*.

(Mouvement de Lombard; il se réfugie derrière les commissionnaires.)

LOMBARD, d'un ton menaçant.

Quant à vous, monsieur!...

BELEUIL.

Auvergnats!...

LÉOPOLD.

Ah! capitaine, il est assez puni!

LOMBARD.

Non pas!

* Léopold, Lombard, Beleuil, Cécile, Mme Albert.

** Léopold, Cécile, Lombard, Beleuil, Mme Albert.

BELEUIL.

Si fait!... (S'approchant.) Et, d'ailleurs, je vous offre une réparation. Vous vouliez jeter cet étui par la fenêtre... eh bien!... je ne m'y oppose plus!

LOMBARD.

Alors, mettez-vous dedans!

BELEUIL, cherchant dans sa poche.

Et, si ça ne vous suffit pas... voici...

LOMBARD, avec empressement.

Votre carte?... (A part.) Mon quatrième coup d'épée!

BELEUIL.

Non... un billet de concert.

LOMBARD.

De concert!... Croyez-vous que, pour un concert, je vais...

BELEUIL.

Vous y entendrez le célèbre Batta, qui sera accompagné, sur la contrebasse, par le général Tom Pouce.

LOMBARD.

Ce petit! c'est colossal!

CHOEUR FINAL.

AIR du pas de quatre de la Péri.

LOMBARD.

Allons, prenez ma main,
Je vous pardonne enfin,
Mais ne faites plus le malin!

BELEUIL.

Vous me tendez la main,
O généreux marin!
Vous me pardonnez donc enfin?

CÉCILE et LÉOPOLD.

Ah! quel heureux destin!
Pour moi plus de chagrin,
Puisqu'on vous m' accorde ma votre main!

Mme ALBERT.

Ah! quel heureux destin!
Ils sont unis, enfin!
Mon frère approuve leur hymen!

BELEUIL, au public.

AIR : de Lantara.

Doit-on prononcer violoncelle
Ou violonchelle?... Sur ma foi,
Puisque chacun dit vermicelle,
Violoncelle est bon, selon moi;
Si c'est mauvais, qu'on me dise pourquoi.
Au fond, pourtant, la chose m'est égale,
Mais, voyez-vous, si je vous fais chercher
Cette question grammaticale,
Vous oublierez, messieurs, de vous fâcher.
Cherchez, messieurs, ce que je vous signale,
Pour oublier de vous fâcher.

REPRISE DU CHOEUR.

FIN.

Paris. — Imprimerie de BOULÉ et Ce, rue Coq-Héron, 3.